MILLE MERCIS

Albane Gellé

MILLE MERCIS

© 2022 Albane Gellé

Édition : BoD – Books on Demand, info@bod.fr
Impression : BoD – Books on Demand, In de Tarpen 42, Norderstedt (Allemagne)

Impression à la demande

ISBN : **978-2-3224-3179-3**
Dépôt légal : septembre 2022

La gratitude est le secret de la vie. L'essentiel est
de remercier pour tout.

Albert Schweitzer

MERCI aux pierres qui font des ricochets, et merci à toutes les autres, qui n'en font pas

MERCI au bruit du vent dans la forêt, merci aux gens qui doutent, aux pandas équilibristes, à toutes les lunes de Jupiter, aux nids d'hirondelles cachés derrière les grandes poutres, merci au bocal de billes d'être toujours un peu mal fermé, merci aux confidences inattendues, aux secrets partagés, aux reliances, aux traits d'union, aux esperluètes, merci aux passerelles, aux cerfs-volants, aux baleines et aux éléphants

MERCI aux expériences de mort imminente, merci aux caliméros qui décident un jour de se mettre à rugir de plaisir, merci aux arbres de reverdir, merci à la cuisine végétarienne, merci à la poésie, merci au soleil dès le matin, à sa lumière quand il se couche, merci au soleil à l'intérieur, merci aux paulownias, aux cèdres du Liban, aux araucarias

MERCI au feu et à ses flammes, merci aux jours qui s'ouvrent, merci au cheval, aux chevaux, à leur compagnie, à leur tendresse, à tous les reflets dans les miroirs, merci aux cafés allongés, aux salades de pastèque féta échalotes, aux glaces au café, aux gâteaux opéras, aux gâteaux apéro, aux guirlandes de marcassins, merci à la maison que j'habite

MERCI aux routes sans encombre, aux retrouvailles, à l'émotion des retrouvailles, aux petites baies rouges du houx, merci aux tisanes du soir, aux caramels du mercredi, aux bigorneaux et aux punaises, aux blaireaux, aux ours blancs, au grand pingouin, et aux petits, merci aux pins sylvestres, merci à l'océan

MERCI aux fous rires, aux soirées calmes, aux crinières qui réchauffent les mains, merci aux cartes de voeux, aux étoiles filantes, merci aux labyrinthes, merci aux sorties de secours, merci au fil d'Ariane et à toutes les pelotes invisibles, merci aux âm(i)es fées et aux hommes soeurs

MERCI aux petites conversations joyeuses et légères, aux concerts de ceux qu'on aime, aux guitares manouches, aux flûtes bretonnes, aux pianomades, merci aux rires du petit déjeuner, aux arbres qui grincent, aux arbres qui parlent, aux libellules, aux hippocampes, aux pangolins, merci aux balançoires en bois, aux draps-housses, aux passoires

MERCI pour les lettres reçues, les lettres écrites, pour les vocaux, tous les messages, les courriels, les textos, les cartes postales, les petits mots sur la table de la cuisine, merci aux fées clochettes, aux enfants laboureurs, merci aux verres de muscadet avec les huîtres, merci aux longues nuits régénératrices, aux pizzas maison, aux grandes étreintes, à la colère qui est passée

MERCI aux saumons, aux couleuvres, aux frelons, merci aux comédies musicales, au sac de lettres de ma grand-mère, à l'enthousiasme retrouvé, aux cocottes en papier, merci aux dates anniversaires, à tout ce qui relie, ce qui nous lie, nous réunit, nous aime

MERCI aux trains à l'heure, aux trains en retard, aux trains ratés, merci aux ancolies, aux pissenlits, aux semis, aux plantations, à toutes les graines, merci aux nappes brodées, merci aux corps quand ils dansent avec les âmes, merci aux chants qui s'élèvent, aux voix qui s'ouvrent, merci aux imprévus, aux désistements, aux changements de programme, à tout ce qui se déprogramme

MERCI aux sources, aux trèfles à quatre feuilles, aux trèfles à trois feuilles, merci à l'ardeur, à la beauté, au courage, au désir, merci à l'éphémère, à la folie, à tout ce qui passe, traverse, meurt et renaît, merci aux cyprès, aux séquoias, aux peupliers, aux cerisiers, merci à la goutte d'eau qui fait déborder le vase, au torrent de larmes sans prévenir, aux stratocumulus, aux cirrostratus, aux cumulonimbus, à tous les nuages

MERCI aux enfants pas sages qui sont des sages, aux enfants perdus, cabossés, inconsolés, aux enfants qui grandissent tant bien que mal, aux enfants qui nous font grandir, merci à la puissance de la douceur

MERCI à la mélancolie, aux boutons d'or, à l'infini dans la paume de la main, aux sources noires, aux sources blanches, aux dialogues avec les anges, aux âges de la vie, au muguet, aux pianistes, aux voyageurs, aux musiciens de Brême, aux contes d'ici, aux contes d'ailleurs, merci aux hommes qui s'arrêtent pour changer les roues crevées, merci à la joie, à toutes les joies

MERCI aux virages, aux tangos, aux valses, aux escaliers et aux cabanes, merci aux bancs publics, aux toboggans, aux sorcières, aux chamanes, aux bisons, au tonnerre et aux ruisseaux, merci aux éditeurs, les petits, les moyens et les grands, merci aux libraires indépendants, aux bouquinistes, aux bibliothécaires, aux rayons livres des halls de gare, aux théâtres, aux cinémas d'art et essai, aux cinémas tout court

MERCI aux échassiers et aux funambules, merci à la lumière des étoiles, des bouleaux, des lucioles, aux feux de joie, aux expressions de tendresse, aux mots d'amour, aux gestes d'amour, merci aux accolades, embrassades, câlins, tendresses, étreintes, avec les bras, les mains, les joues, les lèvres, les sexes, avec la peau, avec le corps

MERCI aux livres lus d'une traite, au mystère de la matière noire, aux petites mares, aux immenses lacs, aux geais lanceurs d'alerte, merci à la fulgurance, à l'impermanence, à la concordance, aux phénomènes naturels, aux galaxies spirales, aux mandalas, aux escargots, merci aux amies d'enfance, au silence de la nuit

MERCI à l'harmonie des parties avec le tout, aux préludes de Bach, au grand rire de Mozart, aux gymnopédies de Satie, aux polonaises de Chopin, à la recherche du temps perdu, au Petit Prince, aux renards, aux baobabs et aux rosiers, merci à la transparence de l'esprit, aux voyages en ballon, en vélo, à pied, à cheval

MERCI aux chemins creux, à l'univers dans la goutte d'eau, merci au souffle, au grand air, à l'air libre, merci aux métamorphoses, aux continuités, aux transformations, aux évolutions, aux découvertes, merci à la compassion, à l'empathie, à la résilience, aux ermites, aux altruistes, à la porosité, au lichen, aux violoncelles, aux coquillages, merci à la poésie, aux débordements d'amour, aux aléas de l'existence, aux synchronicités, merci aux arcs-en-ciel, aux éventails, aux paravents, aux points de repères

MERCI aux papas médecins, aux mamans infirmières, aux petits frères, aux soeurs de coeur, aux cousines, aux cousins, aux tantes, aux oncles, aux nièces, aux neveux, aux grands-parents, aux filleuls, aux parrains, aux marraines, aux amies, aux aimé(e)s, merci aux intuitions, aux résonances, aux convergences, merci aux accidents, aux maladies, aux pandémies, au brouillard et aux éclaircies, merci à tout ce qui recommence

MERCI aux chiens qui viennent dormir arrondis contre les jambes droites, merci à la physique quantique, à la loi de la relativité, aux corrélations, aux trous noirs, aux trous de mémoire, merci aux particules et aux ondes, à la partie immergée de l'iceberg, et à sa partie émergée, merci aux pigeons voyageurs, aux chiens d'aveugles, aux montagnes, merci au flux des évènements, à la dilatation de l'univers, aux histoires sans fin, aux histoires terminées, aux récits inachevés

MERCI au ballet cosmique, aux fourmilières, aux lampadaires, merci aux tourterelles, aux girafes, aux poissons-lunes et aux cochons, merci aux cycles des saisons, des lunes et des marées, merci au flou quantique de l'énergie, à l'existence fantomatique des particules virtuelles, merci aux fleurs de la lavande, à l'odeur du romarin, aux lions de la savane, aux molécules d'oxygène, à l'eau des pluies, à l'eau de mer, à l'eau de source

MERCI aux légendes, aux magiciens, aux réveillés, aux éveillés, aux paysages, merci à la précarité des théories, à l'éternité de l'instant, merci aux tonnelles, aux abris, à la glycine et à la vigne, merci aux thés au jasmin, à la pêche, à la bergamote, merci aux forêts primaires et aux toutes petites, fraîchement plantées, merci aux robes à pois, aux nappes à pois, aux foulards à pois, à tout ce qui a des pois

MERCI aux grosses colères qui sortent les monstres du placard, merci aux sept nuits de la reine, aux chevaux écumants du passé, au ciel qui est en toi, et en moi, merci aux montres qui s'arrêtent, aux voitures qui tombent en panne, aux rendez-vous ratés, au sommeil agité

MERCI à tous les gardiens des lieux de lumière, merci à Charlotte Delbo, à Noëlla Rouget, à Etty Illesum, à Philomena Franz, merci à toutes les femmes et à tous les hommes qui transforment la souffrance en amour

MERCI à ceux qui montent à l'échelle, merci aux grandes lunes rousses, aux châteaux, aux prières, à tout ce qui se compte par sept, aux années qui suivent l'âge de quarante-neuf ans, merci aux fontaines, merci à la poésie, au coeur qui bat dans les épaules, à la mémoire de l'eau, à la langue des signes, à la langue que je parle, à toutes les autres

MERCI aux pélerins chercheurs de trèfle, aux écrivains journalistes, au temps perdu et au temps retrouvé, merci aux ronds-points, aux pare-brises, aux pierres noires, aux livres sans mot, aux boites ouvertes, aux boites aux lettres, à la joie des allumettes, merci à l'alternance des éclaircies et de la pluie, merci aux poèmes fresques, aux poèmes agités, aux poèmes sauvages et libres, aux poèmes à venir

MERCI pour tous les jours qui durent autant que les nuits, pour la neige parfois, merci pour tous les chants, les concertos, et tous les cris des animaux, merci pour la liberté de passer la frontière, et que partir soit possible autant que revenir

MERCI à tous les réveils, avec ou sans sursaut, merci au gravier qui fait dérailler la machine, au ruissellement des eaux, à la mémoire des animaux, merci à l'ouest, au flux des fleuves, merci à là-bas, que j'emmène dedans, merci à maintenant, qui s'éternise

MERCI aux amitiés qui durent, aux amitiés qui ne durent pas, merci aux longs couloirs de parquets cirés, merci aux photos en noir et blanc, au goût des autres, aux cuisines et à leurs dépendances, à la double vie de Véronique, aux belles histoires, aux itinéraires d'enfants gâtés, aux airs de famille

MERCI aux paroles de singe, aux énergumènes, aux déserts de Brest, aux théâtres intimes, aux chutes de cheval, à la beauté des loutres, merci aux fausses notes, aux gens qui osent, aux gens qui s'aiment, aux gens qui plantent, aux douches dehors, aux bains chauds, aux chambres d'hôtel, aux séries policières

MERCI aux bougies à la citronnelle, aux soupes à la citronnelle, à la citronnelle, merci aux montgolfières qui soufflent chaud, au boucan des chevreuils les nuits de printemps, aux blaireaux, aux belettes, aux taupes, aux campagnols, merci au festival des musiques sacrées du monde de Fès

MERCI aux jours qu'il faut pour faire le tour du monde, quatre-vingt, mille deux cent quinze, quarante-six mille, ou toute une vie, ou plusieurs vies, merci à tous les nombres, aux combinaisons de numéros qui nous apparaissent par surprise, merci aux surprises, aux élans, aux tendresses, aux rebondissements

MERCI aux oeufs mayonnaise, aux olives aux anchois, aux fleurs d'artichaut, aux artichauts, aux fleurs d'oignon, aux oignons, aux fleurs d'oranger, aux oranges, merci à tout ce qui pousse, éclot, mûrit, à tout ce qui s'ouvre, à tout ce qui agrandit, éclaire, apaise, honore

MERCI aux coulemelles croquées crues dans le pré, aux mûres mûres, à la ciboulette, aux fleurs de trèfle, merci aux brouettes, aux remorques, aux cantatrices d'opéra, merci aux grands monologues bouleversants, aux compagnies de danse, de théâtre, d'acrobates et de jongleurs

MERCI à ce qui est hors normes, intouchable, en crise, merci aux souvenirs que je garde des westerns, merci aux blagues de blondes, merci à Colombo, Albator, Zorro, Goldorak, Candy, Chapi-Chapo, Gédéon, Sankukai, merci au club des cinq, au clan des sept, merci à Poly, Flamme, Black et Flicka

MERCI aux sourires du serveur, merci aux pochettes neuves des crayons-feutres, aux chasseurs qui reviennent bredouilles, aux chasseurs qui arrêtent de chasser, au bruit du vent dans le peuplier, au plongeon de la grenouille, à l'apparition d'une libellule, aux visites des hérissons, aux derniers mots prononcés, et aux premiers

MERCI pour les poubelles vidées, pour les lits refaits, pour le linge qui sèche vite, merci pour les apéros dehors, les kirs pêche, les cacahuètes, pour les pommes de terre en forme de coeurs, pour les nuages en forme de coeurs, merci pour tout ce qui a une forme de coeur, merci pour les films mélo et romantiques, pour les films osant les happy end qui s'attirent de sévères critiques et font rager les cyniques

MERCI pour les cahiers, les carnets, le papier filtre, le papier calque, le papier de riz, le papier de soie, merci pour les vers à soie, pour les phares, pour les lampes de poche, pour les porte-clefs, pour les sacs à main, merci pour les regards croisés des promeneurs, merci pour l'affiche dans la salle d'attente, merci pour les restaurants au bord de l'eau, merci d'avoir enlevé votre masque

MERCI pour les salades aux noix et au roquefort, pour le bruit des sabots sur les pavés, pour les ponts Eiffel, pour la joie des chiens, leur fidélité, leur amour inconditionnel, merci pour les grilles au-dessus des puits, pour les balustrades, les balcons, les parapets, merci pour la poésie, merci pour les dos d'âne, les ralentisseurs, les limitations de vitesse

MERCI pour les trains à compartiments, pour les trains sans compartiment, pour les trains de nuit, pour les cicatrices, les éraflures, les fractures du crâne, les hématomes, merci pour les sauvetages, les rescapés, les survivants, merci pour tout ce qui s'épouse sans jamais s'opposer, merci pour les noms donnés aux lieux, pour les arbres dont on se souvient, pour la serveuse du restaurant, arrangeante, souriante, efficace, merci pour les silences et pour les sourires

MERCI au vol des martinets entre avril et juillet, à leur grand boucan joyeux de cris, de rondes et de jeux, merci à la mésange charbonnière, à la mésange bleue, à toutes les mésanges, merci au rouge-gorge d'être venu se poser à cette minute-là exactement devant mes yeux, merci aux tonnelles en fer forgé, aux volets qui laissent passer la lumière, à ce qui étincelle, brille et scintille à la surface de la mer les jours de grand soleil

MERCI aux médecins urgentistes, aux médecins qui démissionnent, merci à la douceur des albizzias, aux allées de lauriers-roses, merci aux glycines dont les troncs savent tout du verbe entrelacer, merci de m'avoir ouvert les bras, merci aux chaises longues, aux chaises de jardin, aux bancs, aux fauteuils

MERCI aux vétérinaires holistiques, aux médecins qui ont cheminé après l'école de médecine, merci aux plantes, à leurs vertus curatives, à leur musique, à ceux qui l'enregistrent, merci aux vibrations contenues dans les granules d'homéopathie, merci aux talents révélés, à la confiance retrouvée, aux egos rassurés qui peuvent enfin rapetisser

MERCI à vous qui dansez, qui chantez, un peu, beaucoup, à la folie, merci de danser encore après minuit, merci aux cigales, merci aux nuages qui prennent des formes de phénix, merci aux concertos, aux orchestres philarmoniques, aux quatuors à cordes, aux trios, aux duos, aux solos, merci aux tables à l'ombre, aux tables rondes, aux petites marches d'escalier entre les jardins et les maisons

MERCI aux rosalies des alpes, aux cyprès chauves, aux érables negundo, au trèfle d'eau, aux galettes oeuf et champignons, aux pizzas trois fromages, aux tartes au citron meringuées, merci à la poésie, aux galets ronds des plages sans sable, aux arbres qui poussent dans le sable, aux grandes lavandes bourdonnantes

MERCI aux boucles blondes des bébés, à leurs tignasses frisées noires, à leurs mains potelées, aux mouvements de leurs lèvres, merci aux professeurs de yoga, de tai chi, de qi gong, merci aux professeurs des écoles, des collèges, des lycées, des universités, merci aux professeurs qui aiment leurs élèves

MERCI à la vaisselle dépareillée, aux chaussettes raccomodées, aux vieilles tasses ébréchées, aux sons des bols tibétains, aux câlins des bonobos, merci à l'humilité des vieillards, à l'espièglerie de l'enfance, merci aux bougies soufflées, au courage des ruptures, aux oeufs des poules, au coq qui chante, merci aux voyelles

MERCI aux chouettes effraies, aux chouettes hulottes, aux chouettes chevêches, aux hiboux petit moyen et grand ducs, merci aux genêts, aux ajoncs, à la voiture du facteur, aux phénomènes inexpliqués, aux genoux qui flanchent, aux cadeaux de trois fois rien, aux cadeaux maison, aux cartes postales d'animaux

MERCI aux salamandres, à la philosophie des oiseaux, au cinquième rêve, à la cinquième dimension, merci aux gens qui remercient, merci aux tombes simples et fleuries, merci aux passeurs d'âmes, aux murs qui tombent, aux peurs qui partent, aux bijoux en argent, aux pierres de turquoise, de morganite, de tourmaline, à toutes les pierres et à leurs vertus

MERCI pour le panier rond, l'écharpe rose, les tennis jaunes, merci pour les grands tris, les vide-greniers, les friperies, les voitures d'occasion, merci pour la petite broche en crins de cheval, merci aux associations protectrices des animaux, des forêts, des platanes, des rivières, des femmes battues, des hommes battus, des enfants maltraités, des enfants malades, des enfants abandonnés

MERCI pour la rééducation du périnée, pour la respiration alternée, pour la cohérence cardiaque, pour la communication intuitive, la médiumnité, la clairvoyance, la clairaudience, le clair ressenti, les messages des défunts, merci pour les armoires pas trop lourdes, pour la neige pas annoncée, pour le bruit de verre en elle, pour les maisons qui penchent, pour l'huile de noix, le vin de noix, pour toutes les noix

MERCI à la peau qui parle, au vide interstellaire, aux tisseurs de paix, aux inventeurs de jeux, à l'éco-participation, au féminin sacré, au masculin sacré, merci à l'expérience intérieure, aux jardins-forêts, aux jardins potagers, aux tomates des voisins, aux chats retrouvés, aux trêves, aux pauses, aux récréations, merci aux travailleurs acharnés

MERCI aux lignes d'horizons, aux chasses au trésor, aux trésors qui ne se cherchent pas avec les mains, aux menhirs, aux dolmens, au monde sous-marin, aux canopées, aux minuscules, aux microscopiques, aux maisons en bois, aux maisons en pierre, aux haies touffues, merci aux garagistes des villages, aux organistes des églises, aux chorégraphes, aux metteurs en scène, aux traducteurs, merci à tous ceux qui accompagnent, qui soignent, qui réparent et qui consolent

MERCI aux gens qui pardonnent, merci à ceux qui tiennent les portes, qui souhaitent la bienvenue, ceux qui s'effacent, ceux qui s'affirment, ceux qui changent de vie, ceux qui font des surprises, ceux qui aiment leur vie, merci à la grande diversité, biologique, ethnique, sociale, esthétique ou architecturale, merci aux voyages à pied, aux marcheurs, aux chemins, aux créateurs, merci à ceux qui restent

MERCI aux ampoules qui n'aveuglent pas, aux lits douillets, aux draps propres, aux interdictions d'utiliser des pesticides, merci aux allumeurs de réverbères, aux sourciers, aux sorcières, aux granges ouvertes, merci aux troupeaux en liberté, aux boutons recousus, aux baisers volés, aux mots sur le bout de la langue, aux brochettes de poivrons, aux galaxies inaccessibles

MERCI aux repas de famille, aux concerts de musique tzigane, aux fanfares dans la rue, merci aux fins heureuses, aux enfants sur les épaules, aux euphories éphémères, aux retours à la solitude, aux promenades en forêt, merci à toutes les piles de livres à lire, aux lunettes, aux béquilles, aux chapeaux, merci au fil du funambule, au vendeur de fleurs, aux guinguettes, aux bals musette

MERCI aux visites guidées, aux souvenirs déformés, aux manèges en musique, merci aux orgasmes, aux caresses sans finir, merci pour les guérisons, les réconciliations, les moelleux au chocolat, les avocats, le gaspacho, la tapenade, le caviar d'aubergine, merci aux crudivores, aux pacifistes et aux enchanteurs, merci à l'absence de cynisme, à la persévérance des fourmis, aux thanatonautes, aux îles désertes, aux grandes villes qui débitument, aux petites villes qui revivent

MERCI aux courageux, aux résilients, aux thérapeutes, à leurs patients, à leur patience, merci aux chirurgiens, aux pilotes, aux conducteurs de bus, merci aux éboueurs, aux comptables, aux plongeurs, merci d'avoir fait volte-face, de vous être cabré, de vous être arrêté, merci d'avoir dit non, d'avoir cesssé d'obéir à la consigne

MERCI d'avoir dit oui, merci d'avoir tranché merci d'avoir changé d'avis, merci pour la souplesse, pour l'odeur du café moulu, pour les rituels de passage, pour les araignées épargnées, pour les tapis secoués, pour les verres à pied, pour les vins sans sulfites, pour le jus de pamplemousse, pour les salades grecques, pour les vaches sacrées

MERCI aux châteaux de sable, aux concours de billes, aux nageurs des quatre saisons, aux intranquilles, au réenchantement du monde, à l'improbable, à la sobriété heureuse, merci à la confiture de citron, au caramel au beurre salé, merci aux jupes, aux bottes, aux bonnets, aux culottes, merci à toutes les cases de la marelle, aux tourne-tourne mon balai, aux éperviers, aux jeux de piste, aux relais, aux dames chinoises, au nain jaune, au huit américain, au solitaire, au mistigri

MERCI pour les montagnes sous la brume, merci pour la poésie, merci pour les play-lists, les piscines naturelles, les résurrections, les lieux ouverts, les petites gares qui ont encore des guichets, les petites postes, les épiceries, les circuits courts, l'alimentation biologique, le commerce local

MERCI pour les polars, les mangas, pour les carnets de voyage, les bandes-dessinées, pour les albums, les romans, les récits, les correspondances, merci pour les vieux parquets, pour les mots vieillis, pour les chansons ringardes

MERCI pour les dictionnaires d'étymologie, pour les dictionnaires de mots savants, pour les dictionnaires des idées aux mots et des mots aux idées, pour les encyclopédies, les livres de conjugaisons, les livres d'astronomie, les atlas, les recettes de tiramisu, les cartes routières, merci pour la langue des oiseaux

MERCI pour les pierres en travers du ruisseau, pour la mue des serpents, pour la ponte des crapauds, pour l'éclosion des nénuphars, pour les chemises pas repassées, merci pour les gens haut-perchés, pour les longs galops calmes, pour les grandes dunes de sable, pour les volcans éteints

MERCI pour les cerises sur le gâteau, pour la poésie verticale, pour les tortues, pour les méduses, pour les dauphins, pour les panthères des neiges, les vers de terre, les moineaux, les tout-petits, les moins que rien, les sans-papiers, les sans-abri

MERCI aux aubes qui blanchissent la campagne, aux mains dans les poches des paletots troués, à la malice, à l'audace, à Bernard le paresseux, à la dernière leçon, la dernière neige, merci pour les falaises, les ensoleillés, les émerveillés, merci pour ces moments-là, merci pour les cailloux qui flottent, merci pour tout cela

MERCI aux habitations nomades, atypiques, fragiles, merci à la part manquante, aux objets de rencontre, aux petites personnes, aux failles, merci aux gens dans l'enveloppe, aux friandises philosophiques, aux radis bleus, à la vie voilà, à l'Amour d'Amirat, aux cavaliers seuls, aux caisses de vin reconverties en bibliothèques, aux armoires de poupées, aux théières cassées transformées en pots à crayons

MERCI aux listes, aux pense-bêtes, aux brouillons, merci aux espaces libres entre terre et mer, merci aux voyageurs de la voix, aux visites aux vivants, aux poèmes-cordes, aux poèmes pauvres, aux poèmes ras, merci à l'homme-joie, aux ronds dans l'eau, à la maison de Géronimo, à la grande vision de Black-Elk

MERCI aux notaires géobiologues, aux architectes de l'invisible, aux dessinatrices d'étincelles, aux amies québecoises, aux filles formidables même si ça ne dure pas longtemps, merci aux compagnies silencieuses, aux paroles de voyageurs, aux soleils pas d'équerre, aux grammaires de l'amante, à l'exil des renards, aux gestes du linge, du jardin, de la cuisine, de la toilette

MERCI à l'enfant, à la taupe, au renard et au cheval, merci à Panama, merci aux caisses à outils, aux paradis de poussières, aux mauvais départs, au grand bal du printemps, aux neuf marches, aux quarante-cinq secondes d'éternité, à la mort heureuse, aux castors, aux colombes, aux nounours, aux doudous, aux porte-bonheurs

MERCI aux nuits de feu, aux intuitions, aux films documentaires, aux herbes qui dépassent, aux maisons pas impeccables, aux musiques de films, merci à la poésie, merci à mes amours, à vos amours, à nos amours, merci à mon amour

MERCI aux plumes qui flottent sur la surface des eaux, merci d'écrire sur ma tombe : *s'il vous plait souriez-moi,* merci aux pédagogies actives, coopératives, différenciées, merci à la petite et la grande Ourse, à Jupiter, aux comètes, aux planètes naines, aux géantes rouges

MERCI pour les vaisselles en famille, les jeux dehors, les oeufs à la coque, les petites maisons dans la prairie, les fratries de filles, les lettres qu'on relit dix ans après, les greniers du siècle, les mariages sans cravate, les enterrements en blanc, les communions multicolores, les faux-pas, les gaffes, les embarras, les histoires drôles

MERCI pour les girouettes artisanales, les cultures en biodynamie, les enfants pas comme les autres, le dévouement des parents, merci pour la fraîcheur des églises, pour les réseaux telluriques, les grilles d'ondes magnétiques, pour les cathédrales de lumière, les courts-métrages, les colliers de perles, les robes rouges, la grande et belle liberté, les clapiers abandonnés, les écuries ouvertes

MERCI pour l'humour, pour les proies épargnées, pour la précision des botanistes, les feux de cheminée, le réconfort et le repos, merci pour les quais des petits ports, pour les bateaux qui ont des noms, pour les grues jaunes des chantiers, les rubans de peupliers, les trémolos dans la voix, les hésitations, les bégaiements

MERCI aux poney-clubs sans mors, aux centres équestres sans boxes, merci aux châtaignes grillées, à la communication non violente, aux restaurants ouverts le lundi, aux massages ayurvédiques, à la réflexologie plantaire, aux accords toltèques, aux sagesses amérindiennes, à la tradition Ho'oponopono, merci au peuple hopi, merci à nos invisibles guides, merci aux temples de la paix, à l'éveil des consciences, aux cercles de gratitude, à la montée des vibrations

MERCI à ici, merci à aujourd'hui, merci à toi.

Retrouvez les Journées Ressources organisées par Albane, les Ateliers de Gratitude, les Jours Avec, les Mots qui vous Aiment, les temps Enfants Petits Chevaux, La Maison des Arbres, La librairie Le Livre à Venir, La Maison du Temps Présent, les Lectures Publiques, les Lectures Nomades, les Formations Poésie, ici et là, ici :

www.albanegelle.com

www.albanegelle.canalblog.com

www.petitschevauxetcompagnie.com

www.lamaisondesarbres.fr

Merci à tous ceux qui font partie de ma vie, les déjà aimés, les pas encore rencontrés, les quittés, les perdus, les tout proches, les lointains, les oubliés, les visibles et les invisibles !

Autres livres disponibles d'Albane Gellé

aux éditions Cheyne

Je te nous aime – 2004

Si je suis de ce monde – 2012

Eau – avec des encres de Marion le Pennec - 2020

L'au-delà de nos âges - 2020

aux éditions Jacques Brémond

Je, cheval – 2007

Cheval, chevaux – 2022

aux éditions Esperluète

Où que j'aille – avec des dessins d'Anne Leloup - 2014

Chevaux de guerre – avec des dessins d'Alexandra Duprez - 2017

Nos abris – avec des dessins d'Anne Leloup - 2016

Cher arbre – avec des dessins de Séverine Bérard – 2022

aux éditions La Rumeur Libre

Cher animal – avec des dessins de Séverine Bérard - 2019

aux éditions L'Atelier Contemporain

Pelotes, Averses, Miroirs – avec des dessins de Patricia Cartereau - 2018

aux éditions La Dragonne

Souffler sur le vent – 2015

aux éditions Les Carnets du Dessert de Lune

Poisson dans l'eau – avec des dessins de Séverine Bérard - 2018

aux éditions Contrejour

D'îles en lune -avec des photographies de Maia Flore - 2020

aux éditions Le Petit Flou

Poème Hanneton – 2017

Brouillard, mais ça se dissipera – 2022

aux éditions La Nage de l'Ourse

Sur les traces d'Antilope – avec des dessins de Martine Bourre – 2021

aux éditions Petit Va

Les éblouissants - 2017

aux éditions Pneumatiques

Où vont les mots – 2018

aux éditions L'Ail des Ours

Pouvoir rêver – avec des dessins de Valérie Linder - 2022

aux éditions Le Castor Astral

Equilibriste de passage – 2022